G. SAUVAGE
…cier d'administration de 2e classe des bureaux de l'intendance

# TRANSPORT
DES
# MOBILIERS MILITAIRES
# PAR VOIES FERRÉES

PARIS
HENRI CHARLES-LAVAUZELLE
Éditeur militaire
10, Rue Danton, Boulevard Saint-Germain, 118

(MÊME MAISON A LIMOGES)

# TRANSPORT DES MOBILIERS MILITAIRES

## PAR VOIES FERRÉES

**G. SAUVAGE**

*Officier d'administration de 2e classe des bureaux de l'intendance*

# TRANSPORT

DES

# MOBILIERS MILITAIRES

# PAR VOIES FERRÉES

**PARIS**

HENRI CHARLES-LAVAUZELLE

**Éditeur militaire**

10, Rue Danton, Boulevard Saint-Germain, 118

(MÊME MAISON A LIMOGES)

# NOTE DE L'AUTEUR

Nous avons résumé aussi succinctement que possible les dispositions régissant les transports particuliers de la guerre.

La 1re partie est composée d'un extrait du traité du 15 juillet 1891 et de l'instruction ministérielle du 28 mai 1895 y faisant suite.

La 2e partie contient des notes qui sont, d'une manière générale, l'interprétation personnelle de la réglementation en vigueur.

Elle ne saurait donc être consultée qu'à titre de renseignement.

G. S.

# TRANSPORT DES MOBILIERS MILITAIRES

## PAR VOIES FERRÉES

---

## PREMIÈRE PARTIE

---

### CHAPITRE PREMIER

---

**Traité pour l'exécution des transports ordinaires du matériel de la guerre passé, le 15 juillet 1891, par le Ministre de la guerre avec :**

1° La Cie anonyme du Chemin de fer du Nord ;

2° La Société anonyme des Chemins de fer de l'Est ;

3° La Cie des Chemins de fer de Paris à Lyon et à la Méditerranée ;

4° La Cie anonyme du Chemin de fer de Paris à Orléans ;

5° La Cie anonyme des Chemins de fer de l'Ouest ;

(Les cinq Compagnies ci-dessus agissant tant en leur nom qu'au nom de la Cie de Grande-Ceinture) ;

6° La Cie anonyme des Chemins de fer du Midi ;

7° L'Administration des Chemins de fer de l'Etat.

---

Article premier. — *Objet du traité.* — Les sept Compagnies contractantes s'engagent à transporter dans toute l'étendue de la France continentale la totalité du matériel, des denrées et des approvisionnements appartenant au Département de la guerre et qu'il aura à expédier en temps de paix des magasins ou établissements de l'Etat ou des fournisseurs. Le matériel est considéré comme appartenant au Département de la guerre à partir du moment où il a été pris en charge par ses agents.

Art. 2. — *Transports particuliers.* — Sont compris au traité comme *transports particuliers* si les Compagnies *en sont requises :*

1° *Au compte des fournisseurs :*

Les fournitures de toute espèce à renvoyer en fabrique pour être réparées ;

Le matériel voyageant pour le compte des fournisseurs dans les conditions prévues ci-après :

. . . . . . . . . . . . . . . . . . . . . . .

« ...Si le matériel n'est reçu qu'à destination et s'il voyage pour le compte du fournisseur, l'administration de la guerre s'emploiera pour que le transport soit confié aux Compagnies contractantes à partir de l'établissement même du fournisseur s'il est en France, ou à partir du point d'entrée en France s'il est à l'étranger. A cet effet, elle pourra offrir à ce dernier le bénéfice du prix du présent traité ou, s'il y a lieu, de prix spéciaux à concerter à l'avance entre l'administration et les Compagnies. »

2° *Au compte des corps de troupe, services et établissements militaires :*

Le matériel leur appartenant et dont le transport doit être payé par eux.

Pour les expéditions de matériel voyageant pour le compte des fournisseurs,... et pour les expéditions du matériel des corps de troupe, services et établissements militaires, l'administration de la guerre peut aussi avoir recours aux transports de la guerre dans les conditions prévues à l'article 15 du traité : « Les transports ne sont exécutés qu'en vertu d'ordres (modèle B) détachés d'un registre à souche, délivrés et signés par le Ministre de la guerre, par les fonctionnaires de l'intendance ou leurs suppléants légaux. »

Ces transports sont taxés aux prix du barème applicable aux objets qui les composent.

3° *Au compte des officiers, employés militaires, sous-officiers mariés, sous-officiers rengagés ou commissionnés, gendarmes, ouvriers militaires, cantinières, appartenant aux différents corps de l'armée active, caporaux et soldats rengagés mariés ou commissionnés mariés* (avenant au traité du 14 mai 1906) :

Les objets mobiliers leur appartenant, ainsi que leurs bagages, mais seulement dans les circonstances suivantes :

a) *A l'occasion d'un changement de résidence, d'un congé d'au moins trente jours ou du retour à la vie civile.*

Ces transports doivent être demandés dans le délai maximum de six mois à dater du jour de la mutation. Ils sont taxés aux prix du barème 2, avec majoration de 3 p. 100 s'il s'agit de transport en vrac, ou en voitures de déménagement, ou en cadres. Le sous-intendant mentionne sur les pièces d'exécution que le transport est bien la conséquence d'un changement de résidence.

b) *A l'occasion d'un changement de position (promotion ou mariage) ou d'une succession pouvant entraîner un militaire à acheter ou à recevoir soit un mobilier, soit un supplément de mobilier.*

Ces transports ne peuvent avoir d'autre destination que la résidence officielle du militaire intéressé ; pour en bénéficier, celui-ci doit en faire la demande dans un délai maximum de six mois à dater du jour de l'autorisation de mariage ou de la promotion, ou de l'ouverture de la succession, et joindre aux pièces d'exécution remises au préposé une déclaration (modèle K) signée par lui, attestant que les objets sont sa propriété.

Ces transports sont taxés aux prix du barème 1, avec majoration de 3 p. 100 s'il s'agit de transport en vrac ou en voitures de déménagement ou en cadres, et un minimum de perception correspondant à un poids de : 100 kilogrammes, pour les militaires n'ayant pas rang d'officier ; 200, pour les officiers subalternes ; 300, pour les officiers supérieurs, et 500, pour les officiers généraux.

4° *Au compte des familles des militaires :*

Les objets mobiliers ayant appartenu à des militaires décédés.

Ces transports sont effectués de la dernière résidence du militaire décédé au lieu désigné par sa famille.

Ils sont taxés aux prix du barème 2 avec une majoration de 3 p. 100 (en vrac, voitures de déménagement ou cadres) et doivent être réclamés dans le délai de six mois à dater du jour du décès.

### Conditions générales applicables aux transports visés aux paragraphes ci-dessus 3° et 4°.

Le bénéfice des transports particuliers est limité aux objets mobiliers et aux voitures des officiers et des cantinières. Les denrées alimentaires de toute nature, les bijoux, les matières d'or et d'argent, les tableaux et, en général, les objets que les arrêtés ministériels spéciaux à chaque Compagnie soumettent aux conditions de la déclaration préalable de valeur, du transport en grande vitesse et de la taxe *ad valorem* en sont exclus.

Les militaires n'ont droit au camionnage que dans les villes desservies par un service de cette nature.

Les militaires ont la faculté d'assurer eux-mêmes le camionnage au départ ou à l'arrivée ; dans ce cas, le décompte à payer par eux ne comporte pas les frais de camionnage.

Ils auront la faculté d'expédier leur mobilier soit en vrac par wagons complets, soit dans des voitures de déménagement, soit dans des cadres.

A) *Transports en vrac.* — Le transport est décompté aux prix des barèmes 1 ou 2, suivant le cas, sur le poids minimum de 4.000 kilogrammes par wagon. Cette taxe n'est appliquée qu'en cas de demande formelle d'un wagon complet faite par l'expéditeur ; en dehors de cette demande, on applique aux objets emballés le tarif et les conditions du présent traité, et aux objets non emballés les conditions et tarifs commerciaux.

Lorsqu'un mobilier est ainsi expédié en vrac, l'intéressé a l'obligation d'assurer les camionnages, le chargement et le déchargement, ainsi que le plombage ou le cadenassage des wagons, le tout à ses frais.

B) *Transports en voitures de déménagement.* — Les voitures de déménagement chargées seront taxées aux prix des barèmes 1 ou 2, suivant le cas, sur le poids cumulé du contenant et du contenu, avec un minimum de 4.000 kilogrammes par voiture.

Le transport des voitures vides en retour se fait toujours au tarif commercial.

Les manutentions, au départ et à l'arrivée, sont aux soins, frais, risques et périls des expéditeurs et des destinataires.

Les expéditions de cette nature ne sont acceptées qu'en provenance et à destination des gares ouvertes à la réception des voitures.

La responsabilité des Compagnies, en cas de pertes et avaries, est déterminée par les règles commerciales en usage pour les transports dont il s'agit.

Les intéressés ont l'obligation d'assurer les camionnages.

C) *Transports en cadres.* — Ces cadres seront taxés aux prix des barèmes 1 ou 2, suivant le cas, sur le poids cumulé du contenant et du contenu, avec application de la surtaxe prévue pour les masses indivisibles s'ils dépassent le poids de 5.000 kilogrammes.

Le retour du cadre a lieu aux conditions commerciales.

Les intéressés ont l'obligation d'assurer les camionnages.

Les manutentions, au départ et à l'arrivée, sont aux soins, frais, risques et périls des expéditeurs et des destinataires.

**Ordres de transport. — Payement.**

*Ordres de transport. Payement.* — Les transports énumérés au présent article font l'objet d'ordres spéciaux (modèle A) ; le montant des transports effectués est acquitté directement par les intéressés soit au départ, soit sur la production de la preuve de l'arrivée à destination des objets transportés. En cas de retard dans le payement, la Compagnie intéressée s'adresse au Ministre qui avise. En cas de difficultés au sujet des payements, les débiteurs peuvent en référer au Ministre, mais après payement des frais de transport.

En cas de pertes, avaries ou retard, le montant des indemnités corrélatives est payé, s'il y a lieu, directement aux intéressés par les Compagnies.

Les pertes ou avaries sont constatées et réglées suivant les dispositions du droit commun.

Les retards sont constatés suivant les dispositions générales du présent traité et réglées conformément à celles de l'article 65.

Dans le cas où les objets transportés arriveraient à destination avant le destinataire, celui-ci devra supporter, après l'expiration des délais légaux d'enlèvement, de parcours et de livraison, soit les frais de magasinage, soit les frais de stationnement de wagon si l'expédition a été faite en wagon complet.

Sont admis au bénéfice du traité les officiers en retraite occupant un emploi militaire soldé (Justice militaire, Recrutement, Ecoles militaires, etc.) et les élèves des Ecoles polytechnique, centrale et forestière pendant l'année de service qu'ils font comme officiers à la sortie de ces écoles.

## Instruction pour l'application du traité du 15 juillet 1891.

(*Article* 2.) — Les Compagnies admettent que les produits alimentaires destinés aux corps de troupe bénéficient des transports particuliers ; l'ordre de transport modèle A est délivré au fournisseur sur le vu de la lettre de commande émanant du corps auquel l'envoi est destiné.

Les pièces à produire au sous-intendant militaire chargé du service des transports pour bénéficier des transports particuliers sont indiquées ci-après.

Pour les corps de troupe, services et établissements militaires (matériel leur appartenant et dont le transport est à leur charge) et pour les fournisseurs (fournitures à renvoyer en fabrique pour être réparées ; matériel voyageant pour le compte des fournisseurs...) ; pour les officiers en retraite occupant un emploi militaire soldé et pour les élèves de l'Ecole polytechnique, de l'Ecole centrale et de l'Ecole forestière, pendant l'année de service qu'ils font comme officiers de réserve, à la sortie de ces écoles : un certificat soit du sous-intendant militaire chargé de la surveillance administrative, soit du directeur ou du chef de service, constatant le droit aux transports particuliers :

Pour les officiers, employés militaires, sous-officiers mariés, sous-officiers rengagés ou commissionnés, caporaux et soldats rengagés mariés, caporaux et soldats commissionnés mariés, gendarmes, ouvriers militaires et cantinières appartenant aux différents corps de l'armée active : 1° dans le cas de changement de résidence, la lettre de service ; 2° dans le cas de congé de trente jours au moins, le titre de congé ; 3° dans le cas de retour à la vie civile, le titre du congé accordé pour attendre la liquidation de la retraite, ou un certificat du chef de corps ou de service indiquant, selon la situation, soit que le militaire a demandé la liquidation de sa pension, soit qu'il est admis d'office à faire valoir ses droits à la retraite ; soit, si le militaire a été retraité, la date de sa radiation des contrôles ; 4° dans le cas de promotion, la lettre de service ; 5° dans le cas de mariage, un certificat du chef de corps ou de service indiquant la date de l'autorisation de mariage ; 6° dans le cas de succession, une pièce établissant la qualité d'héritier ou de légataire.

Dans les cas numérotés 4°, 5° et 6°, une déclaration modèle K n° 162 *ter* A de la nomenclature.

Dans les cas numérotés 1°, 2° et 4°, la lettre de service ou le titre de congé peut être remplacé par un certificat du chef de corps ou de service, établissant le droit de l'intéressé aux transports particuliers.

Pour les familles de militaires décédés : un certificat

du chef de corps ou de service constatant la date du décès du militaire et une déclaration modèle K.

Le sous-intendant militaire remet aux intéressés, après leur avoir fait signer une demande modèle I[I], n° 162 *bis* de la nomenclature, des formules d'ordre de transport, de la lettre de voiture et d'avis d'expédition modèle A, n° 161 *bis* de la nomenclature.

Ces pièces, établies par les expéditeurs, indiquent le numéro et la nature de chaque colis, ainsi que sa contenance sommaire ; les dates sont laissées en blanc pour être remplies par le sous-intendant au moment de la remise des pièces, par ce fonctionnaire, au préposé des Compagnies de chemin de fer, c'est-à-dire lorsque les colis sont prêts à être enlevés. C'est également au sous-intendant qu'il appartient, sous sa responsabilité et d'après les pièces qui lui ont été communiquées, de désigner le barème applicable dans l'espèce en biffant l'une des deux mentions inscrites à cet effet sur l'ordre de transport.

Les Compagnies admettent que le bénéfice des dispositions de l'article 2 du traité soit étendu aux familles de militaires qui rentrent avant leur chef des colonies, des pays de protectorat ou de l'étranger.

Sur le vu d'un certificat délivré par le chef de corps ou de service, le sous-intendant militaire remet aux intéressés les pièces énumérées ci-dessus ; la lettre de voiture indique le nom, le grade et l'affectation du chef de famille et porte, en outre, la mention ci-après : « Délivré avec l'assentiment des Compagnies contractantes (lettre 164/236 du 13 février 1902), de l'agent général de ces Compagnies pour les transports de la guerre. »

Les militaires se rendant de France en Corse, en Algérie ou en Tunisie et expédiant des bagages ou du mobilier par Marseille-Joliette se conforment aux prescriptions de l'article 19 de l'Instruction et indiquent sur les lettres de voiture, à la rubrique « destinataire » : le destinataire final et, de plus, la maison de transit qu'ils auront chargée de la réexpédition ou, à défaut de transitaire, la Compagnie de navigation qui, d'après les renseignements qu'ils se sont procurés, doit assurer le transport par mer.

Il est formellement interdit aux sous-intendants militaires de délivrer des ordres de transport particuliers en dehors des cas prévus ou des délais fixés par le traité et sans s'être fait communiquer les pièces ci-dessus énumérées.

Les demandes d'ordres de transport particuliers doivent toujours indiquer si le payement des frais de transport s'effectuera au départ ou à l'arrivée des objets à destination.

En principe, les transports à la charge des fournisseurs, des corps de troupe et des services et établissements militaires sont exécutés comme transports particuliers et, par suite, payés directement aux Compagnies par les intéressés.

. . . . . . . . . . . . . . . . . . . . . . . . . .

La Compagnie des chemins de fer départementaux applique également, en Corse, pour le transport des objets mobiliers et bagages appartenant aux militaires, les conditions et prix prévus par le traité.

Lorsque le transport d'objets mobiliers a lieu en vrac par wagon complet, en voitures de déménagement ou en cadre, les prix à payer sont majorés de 3 p. 100 ; comme compensation, les intéressés bénéficient complètement du régime du droit commun au point de vue de la responsabilité du transporteur en cas de perte ou d'avarie (avenant du 20 juin 1906).

# IIe PARTIE

## CHAPITRE II

### Transports particuliers. — Formalités à remplir.

#### Règles générales.

Pour obtenir le bénéfice des transports particuliers, l'intéressé doit s'adresser directement au sous-intendant militaire (ou à son suppléant) du lieu d'expédition ou, à défaut, au fonctionnaire de l'intendance de la circonscription administrative dans laquelle est située la gare de départ.

D'une manière générale et dans ce dernier cas, c'est le sous-intendant militaire, dont la résidence est la plus rapprochée du point d'expédition, qui a qualité pour délivrer l'ordre de transport.

L'ordre de transport est délivré sur le vu d'une demande modèle I[1], laquelle doit être appuyée de pièces justificatives du droit aux transports particuliers et qui varient suivant le cas.

D'après l'article 2 de l'Instruction du 28 mai 1895, les pièces visées ci-dessus et présentées à l'appui de la demande sont *communiquées* aux fonctionnaires de l'intendance. Il en résulte qu'elles doivent être rendues aux intéressés.

Quel que soit le motif de leur déplacement, les militaires appartenant aux catégories prévues par l'article 2 du traité qui changent de résidence ont toujours le droit de bénéficier des transports particuliers.

### Changement de résidence.

Dans le cas de changement de résidence, les pièces à produire sont les suivantes :

Lettre de service, extrait du *Journal officiel*, commission, certificat du chef de corps ou de service.

Ces transports sont toujours taxés aux prix du barème 2.

### Congé de trente jours.

D'après le décret du 1er mars 1890, l'absence d'un militaire, au delà de trente jours, prend le titre de « congé ». Les Compagnies de chemin de fer acceptent les ordres de transport délivrés au profit des militaires (catégories prévues à l'article 2 du traité) jouissant d'une permission de trente jours au moins.

*Pièces à produire :* titre de congé ou permission.
Le titre d'absence peut être remplacé par un certificat du chef de corps ou de service établissant le droit de l'intéressé aux transports particuliers.

Ces transports sont taxés aux prix du barème 2.

### Retour à la vie civile.

Sous cette dénomination sont compris les militaires faisant retour à la vie civile par suite de : admission à la retraite, démission, libération, réforme.

*Pièces à produire :* titre de congé (en attendant la liquidation de pension), lettre de service, certificat du chef de corps ou de service indiquant, selon la situation, soit que le militaire a demandé la liquidation de sa pension, soit qu'il est admis d'office à faire valoir ses droits à la retraite ; soit, si le militaire a été retraité, la date de la radiation des contrôles.

Ces transports sont taxés aux prix du barème 2.

### Promotion.

A l'occasion d'un changement de position résultant de la promotion à un grade supérieur, un militaire a droit au bénéfice des transports particuliers, même s'il ne change pas de résidence (1).

*Pièces à produire :* lettre de service, extrait du *Journal officiel*, certificat du chef de corps ou de service établissant le droit de l'intéressé aux transports particuliers.

Ces transports sont taxés aux prix du barème 1. Ils ne peuvent avoir d'autre destination que la localité où l'officier tient garnison.

### Mariage.

Le mobilier transporté ne peut avoir d'autre destination que la résidence officielle du militaire intéressé.

*Pièces à produire :* certificat du chef de corps ou de

---

(1) Un officier promu au grade supérieur, et qui change de résidence, ne doit pas motiver sa demande d'ordre de transport pour « promotion », mais bien pour « changement de résidence ».

Dans le cas de « promotion » les Compagnies de chemin de fer appliquent les prix du barème 1 (plus élevés que ceux du barème 2), tandis que dans le second cas c'est le barème 2 qui est applicable.

Il y a lieu de remarquer que le barème 2 sert toujours de base au décompte de l'indemnité de transport de mobilier. L'officier aurait donc à supporter la différence de prix existant entre les deux barèmes, ce qu'il faut éviter.

service indiquant la date de l'autorisation de mariage ; l'autorisation de mariage.

Joindre à la demande une déclaration modèle K attestant que les objets transportés sont la propriété du militaire.

Barème applicable : barème 1.

### Succession.

Les objets provenant d'une succession ne peuvent avoir d'autre destination que la résidence officielle du militaire intéressé.

*Pièces à produire :* pièce établissant la qualité d'héritier ou de légataire (on admet généralement comme pièce suffisante pour établir les droits une lettre sur papier libre émanant d'un notaire). Ce document doit toujours faire connaître la date d'ouverture de la succession.

Joindre à la demande une déclaration modèle K.

Barème applicable : barème 1.

### Décès.

Les objets mobiliers ayant appartenu à des militaires décédés peuvent être transportés de la dernière résidence du militaire décédé au lieu désigné par sa famille.

*Pièce à produire :* un certificat du chef de corps ou de service constatant la date du décès du militaire.

Joindre à la demande une déclaration modèle K.

Barème applicable : barème 2.

**Délais de validité du droit aux transports.**

Les militaires ont le droit de bénéficier des transports particuliers dans le délai maximum de six mois à dater de la mutation.

Ce délai est généralement déterminé de la manière suivante :

| | | |
|---|---|---|
| Changement de résidence... Retour à la vie civile....... | 6 mois à dater | de la radiation des contrôles. |
| Congé......... | — | de la délivrance du congé. |
| Promotion..... | — | de la promotion. |
| Mariage....... | — | du jour de l'autorisation de mariage. |
| Succession.... | — | de l'ouverture de la succession. |
| Décès......... | — | du décès. |

Il est formellement interdit aux fonctionnaires de l'intendance de délivrer des ordres de transport en dehors des délais fixés par le traité.

Lorsque le délai est expiré, les intéressés peuvent formuler une demande tendant à obtenir que le bénéfice des transports particuliers leur soit néanmoins accordé.

Cette demande doit expliquer les motifs du retard et être adressée par la voie hiérarchique au Ministre de la guerre qui, s'il y a lieu, la soumet à l'examen des Compagnies de chemin de fer intéressées.

Ce n'est qu'avec l'assentiment de ces Compagnies que les sous-intendants militaires (ou suppléants) peuvent, dans ce cas, délivrer des ordres de transport.

Une mention explicative est portée sur la lettre de voiture, ainsi que sur la souche adhérente au registre.

**Ordre de transport.**

Le document délivré par le sous-intendant militaire (ou suppléant), pour obtenir des Compagnies de chemins de fer le bénéfice du tarif militaire, se divise en trois parties :

a) *Ordre de transport.* — L'ordre de transport proprement dit revêtu de la signature du sous-intendant militaire (ou suppléant) indique la destination à donner aux objets transportés, ainsi que le barème à appliquer.

L'ordre de transport prend date du jour de la remise de cette pièce au préposé.

b) *Lettre de voiture.* — La lettre de voiture fait connaître le détail des colis ou du mobilier, ainsi que le poids.

Elle est revêtue de la signature de l'expéditeur, puis de celle du préposé ou de son représentant, pour prise en charge.

Elle est remise au conducteur du convoi et suit ainsi l'expédition. La lettre de voiture (à laquelle est adhérent l'ordre de transport) est ensuite remise au destinataire lors de la livraison.

c) *Avis d'expédition.* — L'avis d'expédition contient le résumé des indications portées sur l'ordre de transport et la lettre de voiture. Il est revêtu de la signature du sous-intendant militaire et du préposé.

L'avis d'expédition est détaché de la lettre de voiture après remise et reconnaissance contradictoire du mobilier.

Il est conservé par l'expéditeur pour servir de pièce

justificative lors de la livraison à l'arrivée à destination (1).

### Compagnies étrangères au traité.

Les Compagnies se chargent, aux conditions du traité, des transports à effectuer sur les chemins de fer appartenant à des Compagnies étrangères au traité, lorsque le point de départ ou de destination est situé sur les rails de ces Compagnies.

Cette disposition est limitée à celles des lignes étrangères au traité, dont les voies sont à écartement normal.

### Limitation des quantités de mobilier à faire transporter.

Le règlement ne prévoit aucune limite en ce qui concerne le maximum du mobilier qu'un militaire peut faire transporter au tarif militaire.

Il prévoit toutefois un minimum de perception et seulement dans certains cas (voir page 10).

---

(1) Il est généralement délivré un ordre de transport unique pour l'expédition d'un mobilier. Si le militaire en fait la demande, rien ne s'oppose à la délivrance de plusieurs ordres de transport dans le cas d'échelonnement de l'expédition d'un mobilier important à des dates différentes.

Un militaire peut, le cas échéant, recevoir aux conditions du traité du mobilier en provenance de différents points à sa résidence.

Le traité du 15 juillet 1891 ne mentionne pas explicitement si le militaire a le droit d'expédier du mobilier, de sa résidence, sur une ou plusieurs localités quelconques du territoire dans les cas prévus par son article 2, § *a : Changement de résidence, congé de trente jours, retour à la vie civile.*

Mentionnons que la réglementation sur les frais de déplacement prévoit l'expédition, sur une autre localité que la résidence, d'un mobilier appartenant à un militaire désigné pour l'Algérie, la Tunisie ou la Corse.

En ce qui concerne les transports prévus au § B de l'article 2 du traité (*promotion, mariage, succession*), il est entendu qu'ils ne peuvent avoir d'autre destination que la résidence officielle du militaire intéressé.

### Lieux d'enlèvement et de livraison.

Lorsque le transport comporte l'enlèvement ou la livraison à domicile, le matériel est livré aux transporteurs et remis par ceux-ci aux destinataires, au rez-de-chaussée, à la porte du domicile ou des magasins.

On ne saurait exiger du voiturier l'enlèvement ou la remise de matériel aux étages supérieurs d'une maison ou d'un magasin.

Les chargements et déchargements sont opérés par les soins du militaire intéressé avec le concours du voiturier.

### Conditionnement des colis.

Les objets sont transportés, quant à leur conditionnement, suivant les usages commerciaux. Les gares peuvent refuser les colis qui ne seraient pas conditionnés de manière à assurer leur conservation pendant la route.

En cas de contestation sur l'état de ce conditionnement, le fonctionnaire qui a délivré l'ordre de transport fera procéder à une expertise. Si elle est en faveur de l'entreprise, l'expéditeur fait modifier l'emballage et changer par le signataire de l'ordre de transport la date de celui-ci, qui sera alors daté du jour de la remise des colis réparés. Dans le cas contraire, le préposé accepte les colis. Les frais d'expertise seront à la charge de la partie dont les prétentions n'auront pas été accueillies.

### Colis devant emprunter la voie de mer.

Il est indispensable de donner à tout colis devant emprunter la voie de mer un conditionnement intérieur et extérieur très solide et susceptible de résister non seulement aux manipulations auxquelles donnent lieu l'embarquement et le débarquement, mais aussi aux mouvements qui peuvent être imprimés au bateau par le mauvais temps. A cet effet, on n'emploie pour confectionner ces colis que des matériaux en très bon état.

Tout paquet, si faibles que soient ses dimensions, est enveloppé d'une toile dont les bords sont réunis au moyen d'une couture.

Les colis sont plombés et revêtus des indications suivantes : numéro d'ordre ; nature du contenu ; poids brut et cube ; désignation de l'expéditeur, du transitaire au port d'embarquement et du destinataire.

Pour les petits paquets, on peut coudre une étiquette en parchemin, revêtue des indications qui précèdent.

On ne fait usage, dans aucun cas, d'étiquettes en papier ou en carton.

L'expéditeur est responsable des retards dans l'arrivée à destination, qui proviennent soit d'indications erronées sur les colis ou sur les pièces d'expédition.

## Camionnage.

Le camionnage consiste dans le transport entre le domicile d'un militaire ou le magasin d'un fournisseur et les gares de chemin de fer ou ports d'embarquement.

Le parcours de ce camionnage ne peut excéder 10 kilomètres.

Les militaires ne peuvent réclamer le service du camionnage que pour les objets emballés : caisses, ballots, etc., et seulement dans les localités desservies par un service de cette nature.

Les militaires faisant transporter du mobilier en cadre ou en voiture de déménagement, ou en vrac par wagon complet doivent assurer eux-mêmes le camionnage, le chargement et le déchargement.

*Prix.* — Pour chaque opération d'enlèvement et de livraison les prix fixés par le traité sont les suivants :

Paris et Lyon : 5 francs par tonne.
Marseille : 4 — —
Autres places : 2 fr. 50 —

La perception aura lieu par fraction indivisible de 10 kilogrammes, avec un minimum de 0 fr. 25 pour chaque opération.

**Remise du matériel ou mobilier en gare.**

La date portée sur l'ordre de transport par le sous-intendant militaire chargé du service au point de départ ne peut être modifiée que par ses soins (il n'est pas tenu compte des dimanches et jours fériés autrement que pour les heures réglementaires de fermeture des gares). Dès que le préposé a signé la prise en charge sur la lettre de voiture et l'avis d'expédition (qui est restitué à l'expéditeur), la responsabilité des Compagnies est engagée.

**Expédition en wagons complets.**

Les objets de toute nature (1) peuvent être transportés par wagons complets, plombés ou cadenassés, aux frais des expéditeurs. Ils sont taxés pour un poids minimum de 4.000 kilogrammes.

**Itinéraires.**

Les Compagnies peuvent adopter tel itinéraire et tel mode de transport qu'elles jugent convenables en se ren-

(1) Exception faite pour les denrées, bijoux, tableaux, etc. Voir art. 2 du traité.

fermant dans les délais réglementaires prévus par le traité.

Le règlement de la dépense aura lieu toutefois en prenant pour base les prescriptions de l'ordre de transport et le tableau des distances, sauf le cas d'application des tarifs commerciaux.

Nota. — En ce qui concerne les transports particuliers, un itinéraire spécial n'est prescrit par le sous-intendant militaire que sur la demande formelle de l'expéditeur, qui devra d'ailleurs supporter, le cas échéant, le supplément de dépense.

L'itinéraire normal, pour le transport des mobiliers militaires, résulte de l'application du tableau des distances annexé au traité.

### Expédition de mobiliers de différents points.

Le paragraphe *a* de l'article 2 du traité des transports de la guerre doit-il être interprété en ce sens que, dans le cas d'un changement de résidence, le bénéfice du barème 2 est acquis non seulement pour les transports de mobiliers effectués entre l'ancienne et la nouvelle résidence du militaire, mais aussi pour les transports de même nature en provenance d'un point quelconque autre que la résidence que quitte le militaire.

Il résulte des conditions du traité passé avec les Compagnies de chemins de fer et des additions apportées depuis la signature de ce document que, dans le cas ci-dessus, les Compagnies considèrent que rien ne s'oppose à l'application du barème 2, quel que soit le point de l'expédition, pourvu, bien entendu, que le mobilier transporté soit la propriété du militaire.

De même dans le cas de congé d'au moins trente jours les Compagnies ne font aucune difficulté pour admettre que le militaire puisse bénéficier du barème 2 pour faire transporter à sa résidence au départ d'un point quelconque où il s'est rendu pendant son congé des objets mobiliers lui appartenant déjà ou dont il vient de se rendre acquéreur.

**Distances.**

La distance servant de base au décompte du prix du transport par tonne est calculée d'après le tableau des distances par voie de fer.

Ce sont les distances par rails indiquées par les Compagnies dans leurs tarifs homologués.

Elles sont décomptées de la gare la plus proche de la localité qui reçoit ou expédie le transport en ce qui concerne la petite vitesse.

**Vitesses.**

Comment doivent être taxés les transports de mobiliers militaires dans les cas, d'ailleurs assez rares, où ils sont remis aux Compagnies pour être expédiés soit en grande vitesse, soit en vitesse accélérée ?

Cette question a été soumise à l'examen des Compagnies de chemins de fer et solutionnée de la manière suivante :

1° *Grande vitesse.* — La question est réglée par l'article 10 du traité ; si, dans des cas exceptionnels, l'emploi de la grande vitesse est ordonné, ce sont les *tarifs commerciaux* qui sont applicables.

2° *Vitesse accélérée.* — Lorsque la vitesse accélérée est demandée pour les transports de mobiliers militaires doit-on, comme dans le cas précédent, considérer l'envoi ainsi fait comme exclu du bénéfice des prix réduits du traité ou, au contraire, bien que ledit traité soit muet à cet égard, peut-on appliquer dans l'espèce le barème de la vitesse accélérée ?

Les Compagnies, saisies de la question, ont fait connaître ce qui suit :

« ... Comme l'article 2 du traité qui règle en entier le transport à prix réduits des mobiliers militaires prévoit uniquement l'application des barèmes I et II de petite vitesse, il en résulte que, d'après le texte même du traité, la vitesse accélérée *n'existe pas* pour les transports en question.

» Les gares ne doivent pas accepter, lorsqu'il s'agira de mobiliers militaires, les ordres de transport (modèle A) sur lesquels la vitesse accélérée serait demandée. » (Extrait des dispositions en vigueur après entente avec les Compagnies de chemins de fer.)

**Délais de transport (petite vitesse).**

Les délais d'exécution courent du lendemain de la date de l'ordre de transport et ne comprennent pas le jour de la remise à destination.

Il appartient aux Compagnies de vérifier si le matériel leur est remis dans les délais fixés par l'ordre de transport.

**Calcul des délais. — Bases.**

a) *Délais ordinaires :*

Distance minima à parcourir par vingt-quatre heures : 125 kilomètres (chemins de fer à voie normale).

Pour les transports par chemin de fer, il n'est pas tenu compte des fractions supplémentaires de moins de 25 kilomètres.

Si une expédition doit emprunter différents modes de transports, le délai d'exécution est égal à la somme des délais afférents à chacun d'eux, augmenté, s'il y a lieu, des délais accessoires.

b) *Délais supplémentaires :*

| | |
|---|---|
| Transmission d'une Compagnie à une autre......... | 1 jour. |
| Transmission à Paris d'une Compagnie de chemin de fer à une autre Compagnie par le chemin de fer de Ceinture.................................... | 2 — |
| Usage du chemin de fer de Ceinture au départ et à l'arrivée.................................... | 2 — |
| Changement de l'une à l'autre des voies de fer, de terre ou d'eau.................................... | 1 — |

**Délais de camionnage.**

| | |
|---|---|
| Délais pour les camionnages (départ et arrivée, ensemble). . . ........................ | 4 jours. |
| Les Compagnies ont droit à un supplément de délai. . . ................................ | 2 — |
| Pour chaque opération d'enlèvement ou de livraison effectuée dans les ouvrages ou localités indiquées au tableau n° 2 annexé au traité. | 2 — |
| A Marseille, elles auront droit, pour le camionnage de toute expédition destinée à l'Algérie, à un délai supplémentaire de........... | 1 — |

Lorsque le matériel est remis ou pris en gare, ou à quai par les soins du militaire intéressé, les délais pour l'enlèvement et la livraison ne sont pas comptés si les deux opérations sont faites par l'expéditeur et ils sont réduits de moitié (en petite vitesse) si l'intéressé ne fait qu'une seule opération.

## Délais de transport des mobiliers militaires.

EXEMPLES :

De Paris (gare) à Marseille (gare) :
Trajet à effectuer par jour : 125 kil. avec augmentation de 1 jour pour fin de parcours supérieure à 25 kilomètres.

Calcul :

| | |
|---|---|
| 828 kil./125 kil. =.. | 6 jours. |
| Fin de parcours, 80 k. | 1 — |
| TOTAL... | 7 jours. |

De Paris (domicile) à Marseille (domicile) :

| | |
|---|---|
| Délais de transport.. | 7 jours. |
| Camionnage au départ.............. | 2 — |
| Camionnage à l'arrivée............ | 2 — |
| TOTAL... | 11 jours. |

De Paris (gare) à Bayonne (gare) :
Distance kilométrique : 781 k.

Calcul :

| | |
|---|---|
| 781/125 =.......... | 6 jours. |
| Fin de parcours, 81 k. | 1 — |
| Bordeaux (transit) (1). | 1 — |
| TOTAL... | 8 jours. |

De Paris (gare) à Bayonne (domicile) :
Distance kilométrique : 781 k.

| | |
|---|---|
| Délais de transport. | 8 jours. |
| Camionnage à l'arrivée............ | 2 — |
| TOTAL.. | 10 jours. |

De Paris (gare) à Lille (gare) :
Distance kilométrique : 245 k.

Calcul :

245 kil./125 kil. =.. 2 jours.

*Observation.* — Les délais courent du lendemain de l'ordre de transport et ne comprennent pas le jour de la remise à destination.

### Transit.

Les militaires expédiant des bagages ou du mobilier de France en Corse, en Algérie ou Tunisie doivent toujours indiquer, indépendamment du destinataire final, la

(1) Délai supplémentaire de un jour pour transmission d'une Compagnie à une autre.

maison de transit qu'ils auront chargée de la réexpédition des colis ou, à défaut de transitaire, la Compagnie de navigation qui doit assurer le transport par mer.

Il leur appartient de s'entendre directement avec le transitaire pour le transport des colis ou du mobilier de la gare d'arrivée au port d'embarquement, ou du port de débarquement à la gare expéditrice.

**Retards.**

Dans le cas de retard dans la livraison du mobilier, les militaires ont droit à une indemnité qui se calcule à raison de 3 francs par jour de retard et par tonne de matériel taxé.

Les poids sont arrondis au poids supérieur par 100 kilogrammes.

Le retard commence à courir du jour de l'expiration des délais réglementaires de transport prévus par le traité.

L'indemnité de 3 francs par jour de retard et par tonne de matériel taxé n'est allouée que pour les transports particuliers au compte des militaires ou de leurs familles. Les transports de la même catégorie effectués au compte des corps de troupe, services, fournisseurs, sont réglés dans les mêmes conditions que les retards dans les transports ordinaires au compte de l'Etat.

**Pertes et avaries.**

Dans le cas de pertes ou avaries dûment constatées à l'arrivée en présence d'un représentant de la Compagnie des chemins de fer, les militaires bénéficient complètement du droit commun en ce qui concerne la responsabilité du transporteur.

Les réclamations des militaires doivent être basées sur les règles du droit commun et sur les usages du commerce.

**Délais d'enlèvement. — Frais de magasinage et de stationnement sur wagon.**

Si l'enlèvement du matériel transporté en wagon complet n'est pas opéré le lendemain de la date de l'avis d'arrivée, il est tenu compte aux Compagnies des frais de stationnement qui, d'après l'arrêté du Ministre des travaux publics du 27 octobre 1900, sont de 10 francs par wagon et par vingt-quatre heures les trois premiers jours, puis de 12 francs pour chacun des jours suivants.

S'il s'agit d'une expédition d'objets emballés adressés en gare, lorsque l'enlèvement n'est pas opéré dans les délais fixés par l'arrêté ministériel ci-dessus rappelé, il est tenu compte aux Compagnies des frais de magasinage, lesquels sont fixés, par tonne, comme il suit :

| | | | | | | |
|---|---|---|---|---|---|---|
| 0f 50 | pour | 1 jour; | 2f 50 | pour | 4 | jours. |
| 1 » | — | 2 — | 4 » | — | 5 | — |
| 1 50 | — | 3 — | 6 » | — | 6 | — |

Et ainsi de suite en ajoutant 2 francs par jour.

Les dimanches et jours fériés ne sont pas compris dans les délais d'enlèvement.

Nota. — Un mobilier peut arriver en gare avant l'expiration des délais prévus par le traité ; mais ce n'est qu'à partir de la date à laquelle ces délais (de parcours et d'enlèvement) prennent fin, que les Compagnies sont en droit d'exiger le paiement, soit de frais de magasinage, soit de frais de stationnement sur wagon, si l'expédition a été faite en wagon complet.

## TABLEAUX DES PRIX. — BARÈMES Nos 1 et 2.

| DISTANCES KILOMÉTRIQUES. | BARÈME 1 | BARÈME 2 | DISTANCES KILOMÉTRIQUES. | BARÈME 1 | BARÈME 2 | DISTANCES KILOMÉTRIQUES. | BARÈME 1 | BARÈME 2 | DISTANCES KILOMÉTRIQUES. | BARÈME 1 | BARÈME 2 |
|---|---|---|---|---|---|---|---|---|---|---|---|
| 6 | 0 60 | 0 50 | 57 | 5 70 | 4 50 | 108 | 10 70 | 7 95 | 310 | 27 70 | 17 30 |
| 7 | 0 70 | 0 55 | 58 | 5 80 | 4 55 | 109 | 10 80 | 8 » | 320 | 28 40 | 17 60 |
| 8 | 0 80 | 0 65 | 59 | 5 90 | 4 65 | 110 | 10 90 | 8 05 | 330 | 29 10 | 17 90 |
| 9 | 0 90 | 0 70 | 60 | 6 » | 4 70 | 111 | 11 » | 8 10 | 340 | 29 80 | 18 20 |
| 10 | 1 » | 0 80 | 61 | 6 10 | 4 80 | 112 | 11 10 | 8 15 | 350 | 30 50 | 18 50 |
| 11 | 1 10 | 0 90 | 62 | 6 20 | 4 85 | 114 | 11 25 | 8 25 | 360 | 31 20 | 18 80 |
| 12 | 1 20 | 0 95 | 63 | 6 30 | 4 90 | 116 | 11 45 | 8 40 | 380 | 32 60 | 19 40 |
| 13 | 1 30 | 1 05 | 64 | 6 40 | 5 » | 118 | 11 60 | 8 50 | 400 | 34 » | 20 » |
| 14 | 1 40 | 1 10 | 65 | 6 50 | 5 05 | 120 | 11 80 | 8 60 | 420 | 35 20 | 20 60 |
| 15 | 1 50 | 1 20 | 66 | 6 60 | 5 10 | 122 | 12 » | 8 70 | 440 | 36 40 | 21 20 |
| 16 | 1 60 | 1 30 | 67 | 6 70 | 5 20 | 124 | 12 15 | 8 80 | 460 | 37 60 | 21 80 |
| 17 | 1 70 | 1 35 | 68 | 6 80 | 5 25 | 126 | 12 35 | 8 95 | 480 | 38 80 | 22 40 |
| 18 | 1 80 | 1 45 | 69 | 6 90 | 5 35 | 128 | 12 50 | 9 05 | 500 | 40 » | 23 » |
| 19 | 1 90 | 1 50 | 70 | 7 » | 5 40 | 130 | 12 70 | 9 15 | 520 | 41 » | 23 60 |
| 20 | 2 » | 1 60 | 71 | 7 10 | 5 45 | 132 | 12 90 | 9 25 | 540 | 42 » | 24 20 |
| 21 | 2 10 | 1 70 | 72 | 7 20 | 5 55 | 134 | 13 05 | 9 35 | 560 | 43 » | 24 80 |
| 22 | 2 20 | 1 75 | 73 | 7 30 | 5 60 | 136 | 13 25 | 9 50 | 580 | 44 » | 25 40 |
| 23 | 2 30 | 1 85 | 74 | 7 40 | 5 70 | 138 | 13 40 | 9 60 | 600 | 45 » | 26 » |
| 24 | 2 40 | 1 90 | 75 | 7 50 | 5 75 | 140 | 13 60 | 9 70 | 620 | 45 80 | 26 60 |
| 25 | 2 50 | 2 » | 76 | 7 60 | 5 80 | 142 | 13 80 | 9 80 | 640 | 46 60 | 27 20 |
| 26 | 2 60 | 2 10 | 77 | 7 70 | 5 90 | 144 | 13 95 | 9 90 | 660 | 47 40 | 27 80 |
| 27 | 2 70 | 2 15 | 78 | 7 80 | 5 95 | 146 | 14 15 | 10 05 | 680 | 48 20 | 28 40 |
| 28 | 2 80 | 2 25 | 79 | 7 90 | 6 05 | 148 | 14 30 | 10 15 | 700 | 49 » | 29 » |
| 29 | 2 90 | 2 30 | 80 | 8 » | 6 10 | 150 | 14 50 | 10 25 | 720 | 49 80 | 29 60 |
| 30 | 3 » | 2 40 | 81 | 8 10 | 6 15 | 152 | 14 70 | 10 35 | 740 | 50 60 | 30 20 |
| 31 | 3 10 | 2 50 | 82 | 8 20 | 6 25 | 154 | 14 85 | 10 45 | 760 | 51 40 | 30 80 |
| 32 | 3 20 | 2 55 | 83 | 8 30 | 6 30 | 156 | 15 05 | 10 60 | 780 | 52 20 | 31 40 |
| 33 | 3 30 | 2 65 | 84 | 8 40 | 6 40 | 158 | 15 20 | 10 70 | 800 | 53 » | 32 » |
| 34 | 3 40 | 2 70 | 85 | 8 50 | 6 45 | 160 | 15 40 | 10 80 | 820 | 53 80 | 32 60 |
| 35 | 3 50 | 2 80 | 86 | 8 60 | 6 50 | 165 | 15 85 | 11 05 | 840 | 54 60 | 33 20 |
| 36 | 3 60 | 2 90 | 87 | 8 70 | 6 60 | 170 | 16 30 | 11 35 | 860 | 55 40 | 33 80 |
| 37 | 3 70 | 2 95 | 88 | 8 80 | 6 65 | 175 | 16 75 | 11 60 | 880 | 56 20 | 34 40 |
| 38 | 3 80 | 3 05 | 89 | 8 90 | 6 75 | 180 | 17 20 | 11 90 | 900 | 57 » | 35 » |
| 39 | 3 90 | 3 10 | 90 | 9 » | 6 80 | 185 | 17 65 | 12 15 | 920 | 57 80 | 35 60 |
| 40 | 4 » | 3 20 | 91 | 9 10 | 6 85 | 190 | 18 10 | 12 45 | 940 | 58 60 | 36 20 |
| 41 | 4 10 | 3 30 | 92 | 9 20 | 6 95 | 195 | 18 55 | 12 70 | 960 | 59 40 | 36 80 |
| 42 | 4 20 | 3 35 | 93 | 9 30 | 7 » | 200 | 19 » | 13 » | 980 | 60 20 | 37 40 |
| 43 | 4 30 | 3 45 | 94 | 9 40 | 7 10 | 205 | 19 40 | 13 20 | 1000 | 61 » | 38 » |
| 44 | 4 40 | 3 50 | 95 | 9 50 | 7 15 | 210 | 19 80 | 13 40 | 1020 | 61 80 | 38 60 |
| 45 | 4 50 | 3 60 | 96 | 9 60 | 7 20 | 215 | 20 20 | 13 60 | 1040 | 62 60 | 39 20 |
| 46 | 4 60 | 3 70 | 97 | 9 70 | 7 30 | 220 | 20 60 | 13 80 | 1060 | 63 40 | 39 80 |
| 47 | 4 70 | 3 75 | 98 | 9 80 | 7 35 | 225 | 21 » | 14 » | 1080 | 64 20 | 40 40 |
| 48 | 4 80 | 3 85 | 99 | 9 90 | 7 45 | 230 | 21 40 | 14 20 | 1100 | 65 » | 41 » |
| 49 | 4 90 | 3 90 | 100 | 10 » | 7 50 | 235 | 21 80 | 14 40 | 1150 | 67 » | 42 50 |
| 50 | 5 » | 4 » | 101 | 10 10 | 7 55 | 240 | 22 20 | 14 60 | 1200 | 69 » | 44 » |
| 51 | 5 10 | 4 05 | 102 | 10 20 | 7 60 | 250 | 23 » | 15 » | 1250 | 71 » | 45 50 |
| 52 | 5 20 | 4 15 | 103 | 10 25 | 7 65 | 260 | 23 80 | 15 40 | 1300 | 73 » | 47 » |
| 53 | 5 30 | 4 20 | 104 | 10 35 | 7 70 | 270 | 24 60 | 15 80 | 1350 | 75 » | 48 50 |
| 54 | 5 40 | 4 30 | 105 | 10 45 | 7 75 | 280 | 25 40 | 16 20 | 1400 | 77 » | 50 » |
| 55 | 5 50 | 4 35 | 106 | 10 55 | 7 85 | 290 | 26 20 | 16 60 | 1450 | 79 » | 51 50 |
| 56 | 5 60 | 4 40 | 107 | 10 65 | 7 90 | 300 | 27 » | 17 » | 1500 | 81 » | 53 » |

NOTA. — Pour tout parcours intermédiaire la taxe est celle du parcours immédiatement supérieur.

Les prix figurant au tableau ci-dessus sont ceux à payer aux Compagnies par *tonne* de matériel transporté pour la distance correspondante.

Les prix sont majorés de 3 p. 100 lorsque le transport des mobiliers est effectué en vrac par wagon complet, voiture de déménagement ou cadre.

*Application du barème.* — Expédition d'un mobilier militaire de Paris à Marseille, en colis. Poids : 1 tonne.

D'après le tableau des distances annexé au traité la distance de Paris à Marseille est de 828 kil.

Distance de base : 840. — Prix du barème, 2 : 33 fr. 20.
— : 840. — — 1 : 54 fr. 60.

## Renseignements divers.

### Ouverture et fermeture des gares.

Les gares sont ouvertes, pour la réception et la livraison des marchandises à petite vitesse, de 6 heures du matin à 6 heures du soir, entre le 16 mars et le 15 octobre, et de 7 heures du matin à 5 heures du soir, le reste de l'année ; par exception, elles sont fermées à 9 heures du matin les dimanches et jours fériés.

(Arrêté du Ministre des travaux publics du 1er août 1898.)

### Siège de l'exploitation des Compagnies de chemins de fer.

| | |
|---|---|
| Chemins de fer de l'Etat....... | 42, rue de Châteaudun, Paris. |
| Compagnie des Chemins de fer du Nord.................... | 18, — de Dunkerque, — |
| Compagnie des Chemins de fer de l'Est.......... ......... | 21, — d'Alsace, — |
| Compagnie des Chemins de fer de l'Ouest.................. | 20, — de Rome, — |
| Compagnie des Chemins de fer P.-L.-M.................... | 88, — Saint-Lazare, — |
| Compagnie du Chemin de fer de Paris à Orléans.............. | 1, place Walhubert, — |
| Compagnie des Chemins de fer du Midi.................... | 54, boulevard Haussmann, — |
| Syndicat des Chemins de fer de Ceinture à Paris............. | 16, rue de Londres, — |

### Agence générale des Compagnies de Chemins de fer à Paris.

Bureaux de l'Agence générale.. 162, rue de Saussure, Paris.

### Agences chargées du service du camionnage à Paris.

| | |
|---|---|
| Compagnie d'Orléans, gare d'Ivry........................ | Quai de la Gare, n° 101. |
| Compagnie du Nord, gare de La Chapelle.................... | Rue de la Chapelle, n° 129. |

| | |
|---|---|
| Compagnie de l'Est, gare de La Villette.................... | Rue d'Aubervilliers, n° 19 (18e). |
| Compagnie du P.-L.-M., gare de Bercy...................... | — de Bercy, n° 48 *ter* (12e). |
| Compagnie de l'Ouest (R. D.), g[re] des Batignolles........... | — Cardinet, n° 153 (17e). |
| Compagnie de l'Ouest (R. G.), gare de Vaugirard........... | — du Cotentin, n° 1 (15e). |
| Compagnie de l'Etat, gare de Vaugirard.................. | — — — — |

La maison Franceschi, Richard et Fraissinet, de Marseille, s'occupe spécialement du transport du mobilier et des bagages militaires. Cette maison adresse aux officiers qui lui en font la demande la notice ci-après, que nous reproduisons à titre de *simple renseignement :*

## RENSEIGNEMENTS

### concernant le transit et le transport des mobiliers de MM. les officier

Nous avons l'honneur de porter à la connaissance de MM. les officiers qui voudront bien nous charger du **transit** de leur mobilier à Marseille, tant à l'importation qu'à l'exportation, les renseignements suivants qui sont de nature à faciliter ces opérations et à sauvegarder leurs intérêts.

**Exportation.** — Transport par chemin de fer.

MM. les officiers se rendant en Algérie ou en Tunisie, et désirant faire suivre leur mobilier jusqu'à leur nouvelle garnison, devront mentionner sur l'ordre de transport particulier qui leur sera délivré par la sous-intendance :

1° La marque, la nature, le contenu et le poids de chaque colis (*a*) ;

2° Le nom et l'adresse exacte du destinataire (*b*) ;

3° Transitaire, **Franceschi, Richard et Fraissinet.**

4° Livraison en gare de Marseille.

**Transport par mer.** — Pour bénéficier du tarif de la guerre qui est de 3 francs les 100 kilogrammes, il est indispensable que l'officier voyage en même temps que ses colis et sur le même paquebot.

Dans ce cas, il devra nous remettre son billet de passage la veille du départ, dans nos bureaux de la rue Colbert, 22, cette pièce étant exigée par les Compagnies de navigation pour taxer les envois au tarif militaire indiqué plus haut.

---

(*a*) Les colis doivent porter une marque peinte sur le colis même et non sur papier ou carton.

(*b*) Si l'envoi est destiné à une ville de l'intérieur, il suffira d'indiquer la destination exacte, et nous nous chargeons de la réexpédition jusqu'à la gare la plus rapprochée.

Si l'officier est accompagné de sa famille, il pourra nous remettre, en même temps que le sien, le billet de passage des personnes qui l'accompagnent, afin que nous puissions faire défalquer du poids de son expédition la franchise de transport à laquelle donne droit chaque billet.

Il est bien entendu qu'au moins deux heures avant le départ du vapeur, les billets de passage ainsi que les autres documents (tels que connaissement, facture de transport, etc.) sont remis à l'ayant-droit, dans nos bureaux de la rue Colbert.

Par contre, si l'officier ne peut pas voyager en même temps que ses colis, son mobilier sera taxé au tarif commercial qui est de 6 fr. 75 par 100 kilogrammes environ.

Dans aucun cas, le tarif de la guerre (art. 75 du cahier des charges) ne peut être appliqué, attendu qu'il est beaucoup plus onéreux que le tarif commercial.

Ce tarif de la guerre est basé sur la tonne d'encombrement et il faut compter en moyenne que 1.000 kilogrammes de mobilier seront taxés pour cinq tonnes à l'encombrement. Le tarif commercial, au contraire, est basé sur la tonne de 1.000 kilogrammes, quel que soit le volume.

Nous recommandons surtout à MM. les officiers, afin d'éviter tout retard, de nous adresser leurs instructions bien précises en même temps qu'ils remettent leurs colis en gare.

**Importation.** — MM. les officiers qui rentrent en France avec leur mobilier n'auront qu'à nous faire connaître l'adresse exacte où nous devrons réexpédier leurs colis et nous fournir les documents suivants :

1° Un exemplaire du connaissement qui leur sera délivré au port d'embarquement par la Compagnie de navigation ;

2° Une liste indiquant la marque, le contenu et le poids de chaque colis (*a*) ;

3° Une copie de leur lettre de service pour obtenir de la sous-intendance un ordre de transport particulier.

**Tarif.** — Tant à l'importation qu'à l'exportation, nous comptons le camionnage au tarif de la guerre, soit 0.40 par 100 kilogrammes et nous percevons en outre en rémunération de nos peines et soins, pour les nombreuses formalités auprès de la douane, de la Compagnie de navigation, de la sous-intendance et du chemin de fer, 0 fr. 40 également par 100 kilogrammes, soit 0 fr. 80 par 100 kilogrammes, tout compris.

---

*a*) Prière de nous indiquer la quantité exacte de marchandises soumises au droit de douane (telles que spiritueux, tabacs et allumettes).

Nous demeurons à l'entière disposition de MM. les officiers pour tous autres renseignements dont ils pourront encore avoir besoin.

FRANCESCHI, RICHARD, FRAISSINET.

**Avis important :** Les Compagnies de navigation, d'après les clauses de leurs connaissements, ne répondent pas de la casse des colis qui leur sont confiés; il est donc de l'intérêt de MM. les officiers d'emballer leurs colis dans des caisses à plein et solides afin d'éviter des avaries qui resteraient à leur charge. Toutefois les Compagnies de navigation acceptent les colis sous n'importe quel emballage, mais sans garantie de casse. Elles exigent même que nous portions, sur les connaissements, les réserves suivantes : « **Sans garantie de casse pouvant se produire en cours de route par suite de faiblesse ou d'insuffisance d'emballage** », réserves que nous devons signer au nom des intéressés.

Les officiers qui emploieront des cadres pour le transport de leur mobilier doivent noter que l'embarquement des colis dépassant 1.500 kilogrammes est compté à raison de 5 francs les 1.000 kilogrammes avec un minimum de 40 francs et que le débarquement est compté d'après un tarif à peu près identique. L'embarquement des colis ordinaires est perçu par les Compagnies de navigation à raison de 50 centimes les 1.000 kilogrammes.

---

N° 162 *ter* A de la nomenclature des imprimés du Ministère de la guerre.

Modèle (K) de la série prévue au traité du 15 juillet 1891 (art. 2).

# TRANSPORTS GÉNÉRAUX DE LA GUERRE

## BAGAGES ET OBJETS MOBILIERS APPARTENANT A DES MILITAIRES

Je soussigné (1) ..............................................................

..............................................................................

certifie que les objets énumérés sur la lettre de voiture ci-jointe .............. délivrée à (2) ..............................

le (3) ..............................................................

(4) ..............................................................

A ..............................., le ............................... 190.... .

(5)

(1) Nom, grade, corps ou service et résidence du militaire intéressé, ou, en cas de transport à la suite de décès : nom et adresse de l'héritier.

(2) Place où a été délivré l'ordre de transport.

(3) Date de l'ordre de transport.

(4) M'appartiennent, *ou en cas de décès :* appartenaient à M. (nom, grade et corps ou service du militaire décédé), décédé à ............................ ............................, le ............................ .

(5) Signature.

TRANSPORTS DE LA GUERRE.

Délivré l'ordre de transport,
folio n°
du registre n°

(1) Nom de la personne qui demande l'ordre de transport, avec indication : Suivant le cas.
Du grade, du corps ou du service et de la résidence, si c'est un militaire ;
De la qualité et de l'adresse, si c'est un fournisseur ou un membre de la famille d'un militaire décédé ;
Indication du corps de troupe, du service ou de l'établissement.

(2) Suivant le cas.
De changement de résidence.
De congé de (indiquer la durée).
De retour à la vie civile.
De promotion.
De mariage.
De succession.
Du décès de M... (grade, corps ou service du militaire décédé).
Etc.

(3) Au départ du matériel *ou* à l'arrivée du matériel à destination.

(4) Signature.

N° 162 *bis* de la Nomenclature.
(Modèle P.)
Art. 2 de l'instruction du 28 mai 1895.

# DEMANDE D'ORDRE DE TRANSPORT PARTICULIER

M. (1)

demande qu'un ordre de transport particulier lui soit délivré pour les objets désignés d'autre part.

Ce transport doit avoir lieu par suite (2)

Le payement des frais de transport s'effectuera (3)

A , le 190

(4)

| DÉSIGNATION sommaire DU MATÉRIEL. | NOMBRE de COLIS. | VITESSE. | LIEU D'ENLÈVEMENT. (1) | LIEU OU LE MATÉRIEL doit être livré à destination. (1) | OBSERVATIONS. |
|---|---|---|---|---|---|
| | | | | | (1) En gare *ou* à domicile, et, dans ce dernier cas, indiquer bien exactement l'adresse. |

# TABLE DES MATIÈRES





Paris et Limoges. — Imprimerie militaire Henri CHARLES-LAVAUZELLE.

Paris et Limoges. — Imprimerie et librairie militaires Henri CHARLES-LAVAUZELLE.

www.ingramcontent.com/pod-product-compliance
Ingram Content Group UK Ltd.
Pitfield, Milton Keynes, MK11 3LW, UK
UKHW021519260726
13993UKWH00004B/1758

9 782329 149301